2021 ARTICOLI DI ARDUINO ROSSI

Ironia e rabbia contro l'idiozia trionfante.

Raccolta di articoli di ARDUINO ROSSI, 3° parte 2021

In copertina acrilico su tela di Arduino Rossi

Presentazione dell'autore

La rabbia e la voglia di verità si scontra contro un mondo sempre più ipocrita e fasullo.
Siamo nell'era che si sta preparando al peggio.
L'orrore trionfante pare essere solo la conseguenza della decadenza umana, sociale e culturale di un mondo sempre più zeppo di idioti irriducibili.
Il Covid non mi spaventa, o meglio sono terrorizzato dal futuro infernale che si sta prospettando alle porte del nostro mondo, sempre più corrotto e in pugno a dei mascalzoni senza scrupoli, tanti delinquenti in giacca e cravatta.
La politica e le idiozie trionfanti, molte provenienti dallo schifo a stelle e strisce, si stanno imponendo e la voragine della morte e della distruzione si sta spalancando, ma io cerco solo di analizzare la situazione, denunciando il marcio, le contraddizioni e facendo pure del sarcasmo amaro su ciò che capita a questo occidente decadente e senza più forze, senza più una sua anima, senza futuro.

Caro parassita, stupido più di una gallina, è giunta la tua ora.

Tu non lo sai, ma non servono più smorfie e atteggiamenti da superiore verso questi o quelli.
Tu ti sei sempre creduto un.... genio, uno che capisce la realtà, ma eri solo capace di leccare i culi giusti al momento giusto.
Sei arrivato dove è giunta la tua lingua, ma io ti consiglio tanti sciacqui in bocca,....... per la tua salute.
Oggi sei per il decreto Zac, non te ne frega nulla di tutto il resto, hai il figlio che ha fatto i debiti per vestire come un influencer del........, tanto paghi tu, la figlia si è rifatta tutta e pure lei assomiglia alla Barbie, se non fosse per il culo troppo grosso.
Si sono coperti di tatuaggi, anche se il medico li aveva avvisati del rischio cancro, ma pure tu allora te ne sei fatto

uno, per solidarietà ai tuoi due figlioli..... sveglioni, sempre a casa tua in attesa di vincere il concorso a 45 anni.

Da sempre, a parole, hai esaltato il liberismo puro e duro, poi hai abbracciato anche i cinesi, i neri alla stazione, che non chiami più negri da quando ti hanno detto che è da razzista, mentre i tuoi bambinoni cresciuti spendono i tuoi risparmi con costoro, sempre alla stazione, per comprarsi un po' di roba.

Scusami se te lo faccio notare, ma ti è convenuto leccare tutti quei sozzi deretani, dire sempre sì ai tuoi arroganti capi, fare il ruffiano di questi e di quelli, fregando i tuoi amici per ottenere tutto questo?

Sei nello sterco fino al collo, sei ospitale, ma i neri sono arrivati sotto casa tua a pretendere i soldi che i tuoi ...... cuccioli devono a loro.

Sei andato dai carabinieri, quelli che disprezzavi, ma pure loro hanno le mani legate dal solito magistrato in carriera che obbedisce al politico che...... difende i diritti umani dei delinquenti e il quotidiano nazionale, quello che tu leggi sempre come fosse la Bibbia, lo esalta.

Posso parlare in modo esplicito?

Eri e sei stato sempre un coglione, il tuo stile di vita ci ha rovinato tutti ed oggi siamo tutti nella merda, ma tu non arrenderti mai, neppure con la merda al collo, vota sempre a sinistra, perché tu sei sempre....... progressista.

Ricordati che ormai siamo tutti alla frutta e il tuo turno, di finire male, molto male, sta arrivando, oppure toccherà ai tuoi figli, il futuro potrebbe essere un inferno e la colpa è tua, ma vota per il decreto Zac e la ius soli, fedele come un pollo prima di finire in pentola.

Il razzismo e l'omofobia, o l'ignoranza e la stupidità?

Il razzismo è solo un atteggiamento che considera degli inferiori tutti coloro che hanno date caratteristiche somatiche differenti da alcuni gruppi dominanti.
I colonialisti disprezzavano i neri, i nativi americani, gli asiatici o gli aborigeni e li sfruttavano, come schiavi, imponendo delle teorie pseudo scientifiche, per giustificare il loro comportamento.
Il razzismo è solo questo e nulla di più, se io critico i costumi, le tradizioni di certe società non è razzismo, come criticare le..... abitudini degli omosessuali, che è un mio diritto, senza insultare nessuno.
Invece per gli idioti e neo stalinisti, della sinistra..... affaristica e a servizio di faccendieri da rinchiudere in prigione e buttare la chiave, sia per una grande ignoranza di base, una immensa stupidità e tanta ipocrisia di fondo, diventa reato criticare omosessuali e islamisti.
Il diritto di parola è messo fortemente in discussione e la nostra libertà è in pugno a dementi che ci impediscono di

parlare, di denunciare, di raccontare barzellette, che per questi poveretti sono...... crimini contro l'Umanità.

Siamo di fronte a un futuro pericoloso e criminale, abbiamo la peggiore gente del mondo che ci prepara un futuro terrificante, ringrazio Dio che non mi toccherà vederlo più di tanto, per motivi di età, ma mi dispiace per chi è giovane e dovrà subire inquinamenti, reali e culturali.

Avremo l'inferno in terra?

Dipende da noi, bisogna ribellarci e buttare a mare lo sterco d'Italia, anzi, non inquiniamo, utilizziamolo per........... concimare i campi.

Lavori obbligatori per i delinquenti.

Scusate se insisto, ma la norma, scritta nella Costituzione Italiana, che impedisce la pena dei lavori forzati è evidentemente discriminatorio con gli onesti, che sono gli unici che devono lavorare per non morire di fame.

Diciamo che la grande e........ intoccabile Repubblica delle banane in Italia nacque con principi demagogici e anche demenziali.

I protetti, gli unici che ebbero diritti, guarda un po' il caso e la........ stranezza, furono i delinquenti.

Infatti la nostra bella Repubblica....... democratica iniziò le sue attività con due partiti corrotti e criminali, il Partito Comunista e la Democrazia Cristiana, che ricevettero tanti soldi dall'Unione Sovietica e dagli Stati Uniti, diciamo che servivano interessi non italiani.

La corruzione devastò il nostro Paese, non solo con le tangenti, ma verticalmente, dalla gestione clientelare dei posti di lavoro, pubblici e privati, dai finanziamenti a fondo perduto verso grandi famiglie mafiose e para mafiose, o clientelari, che divennero potentissime e ricchissime.

Quindi fu importante creare situazioni che impedissero che i corrotti pagassero per i crimini commessi, si crearono condizioni...... morbide per tutti i delinquenti, in particolare quelli finanziari, politici, sempre........ vittime di persecuzioni.

La legge non è uguale per tutti e ormai i reati più gravi, come in tutti i regimi, sono quelli di opinione, colpiti dalla accusa infamante di razzismo e omofobia.

Siamo in un regime in avanzata stato di decomposizione, dove i ladri, i pedofili, gli assassini escono dal carcere, protetti e coccolati, ma chi si ribella, anche solo verbalmente, al sistema criminale dominante è colpito e punito.

Così il crimine organizzato, politico e mafioso, è protetto, oggi anche dalle norme per....... diritti umani di questa Europa non marcia, ma putrida.

State attenti a insultare la Boldrini, gli islamisti assassini e schiavisti, stupratori di bambine, verrete pesantemente condannati, mentre chi sequestra donne e bambine, le violenta sarà sempre condannato a subire un trattamento psicologico a casa sua.

La soluzione starebbe in processi che non diano sentenze ridicole, con motivazioni che offendono l'intelligenza dei dementi, ma condanne giuste, a base di lavori obbligatori, da svolgere in semi libertà o segregati, a secondo della pericolosità del condannato.

Sono nemico dei...... sacri valori dei padri della prostituzione, scusate sbaglio sempre, della Costituzione?

Ebbene sì, la vorrei profondamente modificata, lascio ai lecca culi, in cerca di posti comodi, la fedeltà........ ai sacri principi.

Le bombe buone e le bombe cattive.

Chi è cresciuto con i film western, con i cattivi, quasi sempre feroci selvaggi, che erano i nativi americani, contro i buoni, le giubbe blu, della cavallerie statunitense o i.......... bravi e buoni cacciatori di bisonti, o i ladri di terra, coloni bianchi sempre statunitensi, sa bene che per loro i buoni sono quelli che uccidono i cattivi, brutti, sporchi e feroci.

La storia però era un po' diversa, infatti in questo caso si esaltava un genocidio criminale, senza precedenti, diciamo una pulizia etnica, dove si uccidevano i legittimi proprietari dei territori, i nativi, si rinchiudevano in campi di concentramento chiamati riserve indiane.

Era come vedere i nazisti che andava a caccia di ebrei, che non volevano entrare nelle camere a gas e battere le mani quando le SS arrivano a cavallo e spazzavano via con una carica chi lottavano per difendere la propria tribù, con donne, vecchi e bambini.

Ancora oggi si esaltano le bombe buone contro i feroci nemici, che talvolta buoni non sono, ma neppure chi propaganda queste guerre per la....... pace, le prime nella storia dell'Umanità, per esportare la........... democrazia si posso definire umanitari.

Oggi poi si impone la censura per difendere la libertà, la proviamo in rete tutti i giorni, imposta da menti bieche e stupide, che censurano Mozart..... perché sovranista e la pietà di Michelangelo, perché è troppo .... bianca.

Anche la natura, che ci ha dato il marmo di Carrara, è razzista secondo loro.

Quindi, cari tontoloni, battete le manine quando vedete la bandiera a stelle e strisce, benedite le bombe democratiche e pacifiste e odiate l'arte, la cultura e....... l'intelligenza.

Finirete pure voi nelle nuove riserve, ma non con la forza, perché la nuova logica dominante di questi........ buoni non perdona, chi non servirà più e voi siete così mansueti che non dovranno usare i metodi duri.

Gli stupidi prima o poi vengono gettati, andranno ammucchiati in periferie degradate, come emarginati in attesa che le epidemie facciano il loro corso, come il Covid, ma anche l'AIDS, perché chi non ha soldi non avrà assistenza e chi non crea ricchezza, dopo averli tenuti buoni con qualche reddito di cittadinanza, verrà lasciato morire, come i nativi americani.

Cari rispettosi dei sacri valori del momento, battete le manine e siate antirazzisti, contro l'omofobia e fatevi rinchiudere come pecore dentro i recinti, per il vostro bene.

La libertà e i cretini che la uccidono.

I social sono in pugno a individui che puntano solo al profitto, ma questo fatto li limita e prima o poi qualcuno li supererà, lasciandoli al palo.

La censura è l'arte dei dementi, infatti sono persone che non sanno dare una risposta alle domande e preferiscono far tacere chi le esprime.

I cretini non sanno che la censura ricade su chi la impone e il libero pensiero, nato da menti intelligenti, supera la bassezza umana dei biechi censori.

Quindi questi speculatori finanziari, che si spacciano per geni dell'informatica, ma in realtà sono solo degli abili sfruttatori delle idee altrui, dimostrano di avere menti meschine e pensieri deboli, imponendo scelte quanto meno demenziali.

Poi i peggiori sono i giornalisti, che senza il lavoretto al giornale dovrebbero fare la fame, non sapendo fare altro che leccare sederi, scribacchiare idiozie.

Io consiglio a tutti la tecnica della derisione, che funziona sempre e colpire il crimine è un dovere, parlo di chi impone le sue verità assolute e non ha il minimo di capacità intellettiva per dimostrare quanto afferma.

I cretini si vincono con un po' di scaltrezza.

Buona Pasqua anche a te, caro cretino.

Pensa se un giorno capitasse di doverti guadagnare lo stipendio, ti immagini che tragedia?
Pensa se un brutto e triste mattino ti trovassi senza..... santi in paradiso, senza amici degli amici e tutto quello che hai fatto andasse a......... puttane?
Scusami per l'espressione un po' forte e colorita, ma il mondo cambia velocemente e i tuoi tentativi di far saltare tutto, la realtà attuale, che ti appare sempre più stretta, con l'immigrazione di massa, in modo che nulla cambi, anzi che si torni al Medioevo, con il culo alzato e la testa al suolo in preghiera, appare sempre più una patetica ultima difesa.
Non temi l'invasione islamica, anzi ti lusinga e finalmente potresti comandare veramente tua moglie.
Non temi la delinquenza scatenata, perché hai messo la porta blindata a casa tua e non esci più dopo cena.
Temi solo che tu venga valutato per quello che sei e per ciò che sai fare, ovvero nulla.
Sì, sei una nullità e il lavoro in ufficio ti appare sempre più ostico, anche se ti dai arie di super esperto.

Sai bene che il computer ti è nemico e prima o poi, ti toglierà la sedia sotto il sedere, rubandoti il lavoro.

Tuo figlio ti assomiglia e il lavoro, nonostante i suoi 35 anni, non sa cosa sia.

I lavori manuali, per te e il caro figliolo, sono disonorevoli e speri che i migranti ti mantengono, così hanno detto al telegiornale, o sul quotidiano di sinistra e tu...... le bevi tutte.

I giornalisti sono intoccabili?

Essendo dei....... servitori dello Stato non possono essere intercettati e indagati?

Scusate, mi correggo, "sono dei servi dei poteri pubblici e clientelari", forse la frase corretta è questa.

Quindi guai indagarli, o cercare con chi hanno rapporti e chi li paga, oltre ai contributi pubblici, pagati da noi.

Da anni si parla di giornalisti al soldo di cosche mafiose, di traffici vari e io dico con evidente certezza, di corrotti e corruttori, che hanno le loro corti di fedeli lecchini, sempre pronti a difendere l'indifendibile.

Per la prima volta in Europa dei magistrati indagano sui rapporti tra cosche mafiose, organizzazioni dette...... filantropiche, terroristi e contrabbandieri, con associazioni di......... beneficenza a nostre spese, che commercializzano schiavi sotto costo.

Il fatto che siano indagati i giornalisti significa mettere sotto attacca la..... nostra libertà?

Non diciamo minchiate, per favore!

Anzi, proprio il rapporto tra giornalisti e varie associazioni criminali, mette sotto attacco la nostra libertà.

Ben vengano i giudici onesti che controllano certe personaggi che fanno campagne infamanti contro questi e quelli, a pagamento, approfittando del trucco classico dei delinquenti professionisti, ovvero allungare i tempi dei processi per fare cadere tutto in prescrizione.

Siamo alla fame, ma il peggio deve ancora arrivare.

Un tempo esisteva la cultura popolare, ricca di ricordi

tramandati e di saggezza vera, che permetteva alla gente analfabeta o semianalfabeta di riconoscere un imbroglione da una brava persona.

La gente capiva chi era onesto, da chi non lo era, sapeva lottare per il pane e per i propri diritti, ma........ oggi il ceto medio, detto mediocre, si sente superiore a tutto questo, segue le sotto culture dominanti, si fa fregare da quei truffatori delle immagini e delle mode, che vendono prodotti scadenti, fabbricati da poveri indiani e cinesi, per pochi euro al giorno, ma loro li pagano cento volte e più il costo di produzioni,....... certi di avere stile.

Questo ceto medio è assediato, loro sono in genere impiegati e piccoli liberi professionisti, ma anche commesse e sotto occupati con le idee grandi.

Rischiano di precipitare nella fame e nella miseria più di tutti gli altri, perché il mercato del lavoro sta cambiando e le nuove tecnologie stanno evolvendo, rubando il lavoro ai colletti bianchi in particolare.

Quindi la crisi provocata dalla pandemia sta accelerando situazioni latenti, il telelavoro, io mi esprimo in italiano, porterà a situazioni nuove, dove chi lo svolgerà dovrà dimostrare sempre nuove capacità o verrà escluso dalla sera alla mattina, creando altro precariato.

Il Covid , dal punto di vista economico e finanziario, sta solo portando una grande accelerazione a un futuro che già si preannunciava contraddittorio e zeppo di dilemmi, o se vogliamo, di situazioni lavorative nuove.

Io sono convinto, che oltre ai super esperti informatici, ai ricercatori scientifici, ai tecnici, che dovranno pure loro adattarsi ai cambiamenti, i classici e bravi artigiani resteranno al sicuro per i prossimo decenni, da crisi, perché il loro lavoro è complesso e differente di situazione in situazione.

Il lavoro sarà sempre più un bene raro, specialmente per chi non ha una base culturale, non solo scientifica e tecnica, da spendere con intelligenza.

Le file alla Caritas e ai vari banchi alimentari diventeranno sempre più diffuse, resteranno anche in futuro, ma non per colpa del Covid.

La globalizzazione ci costerà l'estinzione?

Dopo l'enciclica di Bergoglio, ovvero Fratelli tutti, ma qualcuno, in vena di battute ironiche, si è lamentato per i cognati e i cugini, che..... non rientrano nell'enciclica, non possiamo più difendere i nostri confini o........ il papa, o anche antipapa, ci manda diretti all'inferno.

I buonisti irriducibili, in affari con le varie cooperative del Pd o con le varie curie,...... che accolgono fraternamente sono sempre pronti ad...... abbracciare cinesi, arabi, africani, turchi e chiunque porti buoni guadagni ai loro traffici.

Come gli inquinatori di ieri e di oggi, che gettavano e gettano sui campi o nelle falde o nei fiumi le sostanze tossiche, senza preoccuparsi che pure loro, con figli e mogli, mangeranno e berranno ciò che avevano........ furbescamente buttato, convinti di liberarsi del veleno, costoro non prendono in considerazione le conseguenze delle loro azioni.

Sapendo che i virus e i batteri sono egualitari e democratici, antirazzisti, sapendo che la cultura dell'igiene non è distribuita in modo uniforme sulla terra, sapendo che i nuovi venuti sono in ritardo su questa cultura di almeno 100 anni, non rimane che disperarsi.

Tutti sanno che un virus, formatosi spontaneamente o creato in laboratorio dal solito scienziato pazzo o da qualche ricercatore al soldo di qualche tiranno, potrebbe ucciderci tutti o quasi.

Il giro del mondo i virus li fanno in aereo, ma anche sulle barche zeppe di immigrati.

Le dogane non li fermano e in pochi giorni farebbero stragi immani su tutta la terra.

Quindi servono meno persone che si muovono sul pianeta, perché i virus si muovono con loro.

Controllare questi flussi di individui è una questione di vita o di morte, nostra e loro.

Quindi non abbracciamo cinesi o altri immigrati, anzi, teniamoli distanti, cerchiamo di imporre cinture sanitarie e appena scoppia un'epidemia in qualche parte del globo chiudiamo le frontiere.

Non è razzismo, cari cretini che abbracciate tutti, ma regole di salute pubblica, per noi e per loro.

Le pestilenze del passato ci possono ancora riguardare, ma i tempi per reagire e difenderci sono troppo scarsi, quindi prevenire è meglio che curare e fermare il flusso migratorio di gente che corre per avere il reddito di cittadinanza mi pare più che corretto, diciamo che lo si fa per salvare il. Mondo

Immigrazione e politiche sociali ed economiche medioevali.

È chiaro, è evidente che i migranti vengono pagati per venire qua, infatti il loro viaggio costa circa 10 mila euro per individuo, ovvero 100 mila migranti pagherebbero un miliardo di euro, di più del Pil di quanto le loro misere regioni producono in un anno.

Quindi qualcuno paga per loro, è l'unica spiegazione logica che sta dietro a tutto questo, ma non basta, bisogna mostrare a tutti gli allocchi e fessi o in cattiva fede, che questa sporca operazione è........ spontanea.

Bisogna non far interessare le varie Magistrature al traffico criminale, quindi ecco i giornalisti pagati, la stampa prezzolata, i personaggi dello spettacolo, i politici coinvolti, oggi anche i cantanti stonati e infine pure gli esibizionisti della rete vengono scomodati.

Tutto questo costa e parecchio, ma perché si fa questa politica criminale, neo schiavista, è tanto evidente quanto assurda, dietro abbiamo dei personaggi vecchi e fuori dalla storia, dalla realtà, il cui unico fine sta nel far crollare il costo del lavoro, ovvero i salari dei lavoratori europei, in particolare degli italiani, per ottenere maggiori profitti.

Esiste un altro fatto, che sta nell'assurdo tentativo di vincere le nuove tecnologie, molto costose, ma anche competitive senza rivali, con condizioni di lavoro, con salari, con sicurezza sul posto di lavoro e protezione della salute di chi lavora, proprio medioevali.

La lotta dei vecchi imprenditori, che non capiscono in quale era vivono, contro la automatizzazione e contro l'Intelligenza Artificiale, che divora posti di lavoro sempre più, è sempre più ridicola e patetica, ma fa tanti danni al nostro mondo occidentale.

Uno dei motivi per cui è scoppiata questa bomba dell'immigrazione, che provoca solo danni, sta nel tentativo di una parte di un ceto medio e imprenditoriale, alleato di fatto alle cosche dei trafficanti, di fermare la storia.

Infatti le nuove tecnologie costano molto quando vengono proposte al mercato, perché hanno dietro la ricerca scientifica di anni da rimborsare.

Così costoro cercano di fermare il mondo con questi metodi e si farebbero turchi islamisti, perché odiano il progresso scientifico, che sarebbe da cavalcare e utilizzare per il bene di tutti, ma loro, che si chiamano....... progressisti, invece sognano il medioevo, dove poter vivere e dominare come signorotti, sopra la plebe succube e ignorante, dominata dal clero islamico fanatico.

Questi nostri........ progressisti hanno una cultura che li spiazza di fronte al nuovo che avanza, ovvero hanno una visione classista del mondo dove loro devono stare sopra ai lavoratori manuali e si sentono perduti di fronte a un'economia che premia solo il merito e chi si adatta alla nuova realtà, senza contare l'origine famigliare, lo stile e la classe, con altre idiozie simili.

Ecco a voi gli alleati naturali degli integralisti islamici, il ceto mediocre teme l'estinzione e così si unisce con le forze retrograde e nemiche del progresso, con gli islamisti per fermare il sole.

Non è un caso che abbiamo i terrapiattisti che sono risorti, che hanno la visione dell'Universo uguale a quella dei fanatici dell'islam.

Sono tolleranti con i pedofili delle spose bambine, con chi picchia le mogli, le copre con il burqa e maltratta i bambini che non vogliono studiare il Corano a memoria.
Chi vincerà la battaglia?
Io non sono un seguace della bellezza del progresso a tutti i costi, costi quel che costi, ma il confronto è evidente e le soluzioni saranno terribili, l'islam non fermerà la storia e gli idioti verranno schiacciati, senza scampo, ma in tanti pagheranno questa situazione demenziale e criminale, saranno soprattutto i migranti, che per il 90% e più non possono essere integrati in questo nuovo mondo, per motivi culturali.

Cretini al potere perché altri dementi li hanno votati.

Il peggior governo della storia d'Italia, per capacità mentali e risultati, è stato quello a 5 stelle, che ha sposato quel branco di idioti del Pd, ovvero ciò che resta di una sinistra stalinista e ridicola, di una Democrazia Cristiana fatta da faccendieri e mafiosi.

Hanno colpito pesantemente l'economia e fatto salire il debito pubblico alle stelle, portandoci vicino al disastro.

Si può dire che ci sono delle forze finanziarie ed economiche che ci vogliono rovinare, per spremerci come limoni al momento opportuno.

Il dramma sta in chi non trova lavoro e non vuole fare fatica, ovvero aprire i libri, oggi il computer, apprendere mestieri e professioni che li renderebbero indipendenti.

Vogliono il reddito di cittadinanza, che dovrebbe essere speso per permettere a loro di ottenere indipendenza economica e anche un peso sociale, per difendere i loro diritti come lavoratori.

Invece vengono lasciati nel loro limbo, perché sono inutili al sistema, quindi li abbandoneranno a un destino infausto, ma con metodi morbidi.

In futuro le periferie saranno sempre più chiuse e senza sbocchi sociali ed economici e le epidemie faranno stragi.

Così il movimento di pochi fanfaroni fancazzisti, di idioti incapaci, venditori di bibite, scelti apposta per la loro nullità professionale, ha spalancato l'inferno in Italia.

Per favore, caro elettore ...... democratico, la prossima volta usa il cervello per votare e non farti infinocchiare da qualche poverino con il sorriso ebete.

Islam e futuro tecnico, scientifico in contrasto.

Mentre la Cina cresce economicamente e nello sviluppo tecnologico è sempre più potente, rischiando, fra non molti anni, di diventare la prima potenza del pianeta, mentre l'Europa perde sempre più posizioni, l'Intelligenza Artificiale diventerà la padrona del mondo.
Il petrolio perde importanza ogni giorno e l'energia viene prodotta sempre più da altre fonti, eolico, solare per esempio, mentre l'auto elettrica prende sempre più spazio nel mercato delle automobili.
Quindi la forza dei petrol dollari sciama ogni giorno, in conseguenza pure la potenza dell'Islam dovrebbe cedere posizioni, che per ora resiste ancora dove c'è riciclaggio di denaro sporco, come negli Emirati Arabi per esempio.
Senza petrolio l'islam perderà la sua forza, anzi già oggi conta di meno, per questo alzano la voce, minacciano e favoriscono il terrorismo.
Dietro abbiamo i soliti speculatori, le politiche neo colonialiste, che seguono la logica colonialista del passato, che per meglio sfruttare certi popoli si misero d'accordo con i vari signorotti mussulmani, come in Indonesia, che fu colonizzato dagli olandesi sfruttando la penetrazione islamica nella regione.

I tiranni islamisti devono comprare armi,........... giocattoli di lusso e così, questo avviene da secoli, i commerci favoriscono chi li sfrutta, arricchendo gli speculatori, portando miseria tra la loro popolazione, che vive con redditi da sostentamento miseri, anche questo da secoli.

Quindi chi favorisce l'islam, l'islamismo, sono sempre quelli che si arricchiscono, in Occidente, ma anche in Cina oggi, con i traffici, che diventeranno sempre meno importanti, con la perdita del valore del grezzo.

Senza questi sporchi trafficanti l'islam non esisterebbe come problema e forse sarebbe una religione marginale, che si sgretola poco alla volta.

Invece sono arrivati in Europa, ci minacciano con il terrorismo e con diverse zone periferiche in mano a loro, dove impongono la loro legge e la loro religione, con la forza.

Questo è diventato possibile perché certi interessi economici non si fermano in Arabia Saudita e in Turchia, ma si impongono attraverso il politicamente corretto, sistema sempre più antidemocratico, che censura ogni critica ostile agli interessi dei farabutti dietro ai grigi politicanti, dentro i palazzi del potere.

Cosa capiterà con l'arrivo delle nuove tecnologie?

Pure i regimi teocratici potranno avere la loro parte di nuove armi e di nuovi sistemi informatici, comprati dai soliti mercanti europei senza scrupoli, come i cannoni che servirono ai turchi per conquistare Costantinopoli, per esempio?

Oppure il gioco finanziario ed economico non avrà più senso e i regimi islamisti si sfalderanno come castelli di sabbia sotto una tempesta marina?

Che prima o poi questo mondo, avanzo del Medioevo, si disintegrerà sotto il peso travolgente della razionalità oggettiva è certo, ma intanto ci dobbiamo subire i martiri che uccidono poveretti che vanno a Messa, o a una festa in piazza.

Dobbiamo sopportare i pennivendoli che raccontano idiozie e sperano nel cambiamento etnico dell'Italia,....... futura Repubblica Islamica, con le denunce per razzismo se critichi l'islam e i professori sotto scorta per aver difeso i valori democratici.

Io mi immagino che, prima o poi, qualcuno utilizzerà i robot killer contro gli islamici nostrani e internazionali.

Quindi spero che, prima o poi, vinca la cultura tollerante e libera anche tra loro, dove tutti devono essere liberi di credere o non credere in ciò che a uno pare, senza essere sgozzato o emarginato.

A quel punto la questione islamica non esisterebbe più e non rischieremmo di farci uccidere perché infedeli, quando usciamo di casa.

L'insulto facile dei pennivendoli detti giornalisti.

Tutti mandiamo a fanculo quello o quello, è solo uno sfogo emotivo, ma le persone intelligenti sanno che gli insulti ricadono sempre su quelli che li lanciano.
Quindi, oltre alle maledizioni spontanee, alle provocazioni, non serve insultare, ma è utile dimostrare che quello e quelli sbagliano, per questo e quel motivo.
Invece l'atteggiamento patetico e disgustoso di certi giornalisti è più che ridicolo.
Vivono sul disprezzo verso quelle persone socialmente....... inferiori, che non hanno il loro stile, la loro classe.
Qualcuno sicuramente penserà al Il Fatto Quotidiano e a Repubblica certamente, ma io non aggiungo....... altro.
Comunque costoro non dicono in cosa consiste la loro altezzosa e presunta superiorità, sono aristocratici decadenti, negli atteggiamenti e fanno gli scribacchini di potentati e affaristi loschi, che si nascondono dietro a certi partiti e a certi giornali, i cui cognomi sono sacri e non si può dire come hanno fatto i soldi.
Per caso mi risuonano nelle orecchie i cognomi Beneton, Agnelli, De Benedetti, ma qui mi fermo.

Questi non si toccano e questi vili servi di interessi, che sfiorano la logica criminale dei mafiosi, sanno bene che certi affari non si devono ostacolare, ma si possono insultare gli avversari politici, ricevendo centinaia di querele per diffamazione, a cui risponderanno con ottimi avvocati, che li porteranno a pagare centinaia e anche milioni di euro in spese, in rimborsi.

È tutto evidente, ma i fessi non si arrendono e leggendo certi giornalacci si credono....... democratici, antirazzisti, antifascisti, tolleranti come una casa di tolleranza, detta bordello, anche tanto buoni con la benedizione di Bergoglio, del segretario della Cgil e del capo cosca che organizza la ONG.

I lettori di questa carta per cestino sono soprattutto individui capaci di leccare i culi giusti, li conosco bene, erano democristiani, ma con amici a destra e a manca, con la tessera del momento in tasca, ma pronti a saltare sul carro del vincitore futuro.

I giornalisti lo sanno bene e per ora sono nemici di questi, ma domani saranno i loro protettori, dipende da chi pagherà in futuro.

Come trovare chi finanzia la tratta di esseri umani?

È semplice, cerchiamo chi veramente finanzia certi quotidiani.

A parte gli irriducibili delle idiozie, sparate sui soliti giornalacci nazional popolari, la gente non demente capisce che è tutta una farsa quella dell'accoglienza.

Il fatto che gli italiani non leggano i quotidiani, certi in particolare, dimostra che non siamo un popolo di stupidi, anzi siamo posti bene nella media dei popoli occidentali, decadenti e dementi.

La stampa nega le inchieste e parla di....... persecuzione contro ridicole associazioni criminali, ma i reati sono evidenti e costoro favoriscono il trafficanti di nuovi schiavi.

Il problema non sta nel fatto che non ci siano prove, quelle sono luminose come il sole, infatti non si capisce perché una volta sulla nave dei salvatori questi debbano essere sbarcati in Italia, inoltre non sono naufraghi, perché si sono gettati loro in mare, per essere soccorsi e portati da noi.

Non si capisce neppure perché li dobbiamo mantenere e poi inserire nei vari mercati del lavoro, da quelli legali a quelli illegali e criminali.

Comunque io resto del mio parere, abbiamo classi sociali in crisi, che temono i cambiamenti, vanno nelle famiglie dei faccendieri storici, mantenute dallo Stato sino ad oggi alla casta dei parassiti, ovvero la folla dei carrieristi statali e parastatali, sempre vincitori nei concorsi, ma in tutti gli altri settori si dimostrano solo dei meschini mediocri o peggio e non dei...... geni.

Queste due categorie sociali sono alleate e temono il confronto con il resto del mondo, in un'epoca dove la raccomandazione del sindacalista o del signor parroco conta sempre di meno.

Se i magistrati onesti avranno la possibilità di indagare sino in fondo ci saranno tanti arresti di personaggi eccellenti e il sequestro di molti beni ai ladri detti faccendieri.

Una buona notizia c'è e se è confermata potrebbe essere ottima, Matteo Renzi vuole trasferirsi, si dice, a Dubai, la capitale dei traffici criminali di questo pianeta.

Forse teme di essere arrestato e finire la sua carriera giustamente in prigione.

È ancora poco, le patrie galere dovrebbero essere allargate per poter rinchiudere tutti i mascalzoni che si arricchiscono sulla pelle della gente onesta.

Tra i primi che dovrebbero essere condannati ai lavori forzati dovremmo mettere i giornalisti, razza bastarda.

Facebook e Google, la censura della Santa Inquisizione.

Per secoli l'inquisizione laica e della Santa Inquisizione fu favorita, diciamo così, dalle denunce anonime, che potevano essere inserite in certe buche particolari della posta, adeguate a questo unico uso, dove mani sconosciute potevano inserire lettere senza firma identificativa, che accusavano questo e quelli.

Le denunce anonime, a quanto pare, sono uno strumento ancora usato dalle nostre forze dell'ordine, ma solo per iniziare indagini, poi da verificare successivamente con dati oggettivi.

Invece, nei secoli bui, i denunciati si dividevano subito in due gruppi, quelli nemici del potere o potenzialmente tali e gli amici.

Per gli intoccabili la procedura concludeva subito, con la lettera gettata nel camino, ma per gli altri iniziava il tormento.

Erano arrestati e se non confessavano subito i reati....... gravissimi, ovvero aver criticato il principe e signore al potere, aver idee eretiche contro la religione dominante, oppure aver affari con il Diavolo direttamente, per loro c'erano i tiri di corda, dove uno era stirato bene su un lettino di legno pungente, con argani e ruote.

Se non confessava, dopo atroci dolori, moriva a casa sua o in cella, per le numerose fratture subite durante il trattamento, oppure confessava ciò che volevano i torturatori e finiva squartato sulla pubblica piazza, o bruciato vivo, tra l'entusiasmo della folla.

Per ora Facebook e Google non sono arrivati a questo finale terribile, ma sono solo all'inizio, con le denunce anonime, violando la legge sulla privacy, perché raccolgono dati politici e religiosi sulle persone, inoltre utilizzano vigliaccamente le denunce di individui codardi, che non si mostrano, perché rischierebbero querele per diffamazione e probabilmente in molti casi, pure condanne penali e risarcimenti adeguati.
Questi monopolisti della rete ci stanno riportando veramente nel più tetro Medioevo.

Crimine organizzato, mafia, riciclaggio e colletti bianchi.

Nella nostra società il crimine è un........ valore aggiunto, ovvero è una dimensione economica e finanziaria integrata economicamente e socialmente nel sistema.
Anche se nel passato, al tempo delle guerre con truppe mercenarie e i relativi saccheggi o con la pirateria, dove il crimine era riconosciuto e valorizzato dai vari regni colonialisti, non si è mai visto un sistema economico e politico che si affidasse alle cosche come questo.

I colletti bianchi riciclano e qualche operazione di polizia, con sequestri anche miliardari, non bastano a fermare il marcio evidente.

La domanda principale, ovvia, evidente e spontanea, sta nel perché lo spaccio di sostanze stupefacenti, la prostituzione, in tutte le forme e in tutte le salse, compresa quella minorile, è evidente per chi va in certi quartieri, o alla stazione a prendere il treno, ma nessuno interviene, classe politica o giornalisti per esempio.

Perché nessuno agisce contro questo schifo?

La risposta sta negli accordi tra cosche e Stato, ovvero con i politici, io dico anche..... europei, che si sono pure prodigati a favore dei capi mafia in prigione...... per i loro diritti umani.

È evidente, per tutti coloro che hanno un minimo di intelligenza, che le mafie siano organizzazioni portanti della realtà sociale dominante, con i traffici criminali vari e i buonisti siano solo la faccia ipocrita di questo schifo.

Ecco gli sbarchi organizzati per favorire il marcio della criminalità, del lavoro sotto il caporalato, con tutte le truffe al seguito, come quelle delle cooperative per l'accoglienza.

Dopo messa o dopo la riunione sindacale anche i nostri ..... eroici umanitari, tanto....... umani, vanno alla stazione in cerca di roba, di prostitute, di ragazzini e ragazzine, di travestiti?

Se non vanno....mandano, ma il risultato è sempre quello, lo schifo assoluto sta travolgendo la nostra società occidentale decadente.

L'Italietta sempre servizievole e mediocre.

I servi, detti lacchè, ovvero coloro che stavano...... umilmente dalla parte dei codini durante la rivoluzione francese, ubbidienti ai nobili decadenti, non si arrendono.
Amano il potere viscido della vecchia politica, democristiana, ma anche comunista, con il centralismo democratico, che oggi si chiama politicamente corretto.
Stanno con le opinioni stereotipate esposte dalla stampa, non amano il computer, non lo capiscono e non comprendono che si trovano sul bordo di un baratro terribile.
Sono di ceto medio, o così si definiscono, non credono più nella famiglia, anche se è stata l'unica istituzione che ha permesso a questa nazione di resistere alle pestilenze, alle invasioni, ai terremoti, alle guerre e alle carestie.

La cultura, così affermano, non serve a nulla, ma preferiscono la....... santa raccomandazione......... democratica e progressista adeguata, per rubare un posto pubblico o parastatale.

Buon sangue non mente, perché i padri furono democristiani e comunisti, i nonni fascisti, ma loro oggi sono per le nuove culture che disprezzano le tradizioni, ridono della fede cristiana, ma..... rispettano quella islamica.

Pensano tutti allo stesso modo, anzi le frasi sono sempre quelle, ripetute con alterigia e disprezzo verso gli....... oscurantisti.

Odiano il lavoro manuale, che lasciano ai......... fascisti e ai leghisti, se perdono il lavoro non si adattano a certi mestieri indegni, secondo loro e preferiscono il reddito di cittadinanza.

Si stanno aggrappando attorno al Partito Democratico e ai 5 Stelle, perché sperano di farsi mantenere, per diritto ereditario, come impiegatini, senza sapere che questi lavori, in gran parte, saranno i primi a sparire, sotto il peso dell'intelligenza artificiale.

Questa Italietta non sa che sarà spazzata via dal futuro che avanza e non avremo più le famigliole alla Mulino Bianco, ma un mondo duro e selettivo, dove chi non si saprà adeguare, dandosi da fare, finirà nel baratro dell'emarginazione sociale e i vari redditi di cittadinanza stanno facendo esplodere il sistema della protezione sociale, anticipando il tutto.

Omofobia, gli idioti e la stampa.

Il caso della ragazza di 22 anni, che venne scacciata di casa dalla madre perché lesbica, ha provocato la reazione furiosa di certi pennivendoli sotto costo, scordandosi del fatto che la famiglia in questione è islamica.
La piccola .... dimenticanza invece potrebbe mettere in chiaro alcune questioni importanti, la prima sta nel fatto che la cultura islamica da noi è intoccabile, quindi se si accusa la mamma feroce di disumanità verso la figlia si deve fare lo stesso contro i...... valori e i principi islamici, diventando....... razzisti per qualcuno.
Infatti la mamma in questione si è limitata a scacciare la ragazza e non l'ha sgozzata, o fatta lapidare, come impongono i precetti islamici.
Invece se l'avesse messa alla porta perché aveva mangiato carne di maiale, che i precetti mussulmani impediscono, il fatto non sarebbe stato ugualmente grave?
Mettiamo che la fanciulla avesse mangiato carne bovina e fosse di fede induista, la faccenda come sarebbe stata giudicata?
La risposta è semplice, la ragazza ha dei diritti, ovvero se studia dovrebbe essere ancora mantenuta, fino alla fine degli studi, in proporzione alla condizione economica della

famiglia, anche al risultato scolastico, ovvero non è sempre una ripetente per esempio.

Quindi, invece, se fosse stata violenta cacciarla sarebbe stato un diritto della famiglia.

Comunque tutto questo dimostra che la famigerata legge Zac è contraria ai diritti delle persone in genere, perché i figli non si cacciano di casa, senza dare a loro un'alternativa, in nessun caso, o quasi.

Per esempio se la figlia avesse i capelli viola e la madre non volesse tale colore sarebbe libera di cacciarla?

Non deve esserci differenza di trattamento tra uomini, donne, eterosessuali o omosessuali che siano, altrimenti si creano delle caste protette, con norme anti costituzionali, che in questo caso i soliti giudici costituzionalisti, della Consulta, non vedono, non sentono e non agiscono.

A questo punto io potrei pretendere una legge che difenda chi si colora i capelli di viola, mangi bistecche di carne bovina e suina, per evitare che ci siano situazioni discriminatorie.

Scusate, ma non bastano le leggi attuali per difendere tutte le persone indiscriminatamente?

È una domanda troppo difficile per i nostri pennivendoli e i loro affezionati lettori?

Italia, terra dove i ladri vivono felici?

Il problema sta nella corruzioni politica, che da noi ha trovato terreno fertile.

Lo scontro politico, tra Pci e Dc per più di 30 anni, ha favorito amicizie e tanti favori, nel tentativo di comprare voti, con lavori inutili e ben pagati, con carriere splendenti per perfetti deficienti, con imprese, che sarebbero fallite dopo una settimana di libero mercato, diventare floride e ricchissime.

Tutto allora era controllato dalla politica, dal concorso per bidello a quello per docente universitario.

Il merito non esisteva, tranne per chi si prendeva la valigia di cartone e se ne andava oltre oceano o a Nord delle Alpi.

Poi il muro di Berlino crollò e pure la Dc e il partito comunista si sciolsero, o meglio, cambiarono nome e il detto "il lupo perde il pelo, ma non il vizio" fu perfettamente rispettato.

Così i condoni divennero una necessità e i tribunali emisero, per il penale, quasi sempre sentenze di caduta in prescrizione, per la maggior parte dei reati.

Così pure i reati di corruzione, concussione e appropriazione illecita, dei beni pubblici per esempio, non sono più colpiti con pene carcerarie.

La solidarietà tra politici e criminali comuni prosegue con leggi....... svuota carceri, amnistie e arresti al minimo, per........ i diritti umani dei criminali, sacri e inviolabili.

Basterebbe una piccola riforma costituzionale per salvarci, ovvero imporre i lavori obbligatori per i delinquenti, oggi abbiamo strumenti elettronici che li semplificherebbero, senza dover rinchiudere tutti, fatto oltretutto molto costoso.

Un reato giustamente da perseguire è quello di clandestinità, che porti l'obbligo dell'espulsione la prima volta che viene fermato per chi viene trovato senza documenti.

Il clandestino poi verrà condannato ai lavori obbligatori dalla seconda volta in poi, pena che dovrà aumentare sempre più se il personaggio ha commesso altri crimini, è stato trovato altre volte sul suolo italiano.

Alla terza o alla quarta volta dovrebbe lavorare così tanto che, alla prima occasione, fuggirebbe lui a casa sua.

Per fare tutto questo servono tribunali veloci, che possano agire prontamente e per farlo abbiamo bisogno dell'intelligenza artificiale, che esiste già e funziona molto bene, ma nei nostri tribunali siamo ancor con gli scrivani, che scrivano tutto a mano, sotto dettatura.

Il problema sta nel pretendere da questa classe politica dei veri cambiamenti nel settore della giustizia, ma loro si pongono in difesa........... dei diritti umani, così li definiscono.

Se non ci liberiamo di questi mascalzoni siamo finiti.

Di chi sto parlando?
Dei politici professionisti, che hanno gli anni contati, io dico i giorni contati, ma loro sono pronti a distruggere ciò che non hanno ancora devastato, del nostro mondo, di questo povero Paese alla frutta.
Loro sanno che presto avranno sempre meno voti, quindi li importano, ma non solo per lavori sotto pagati in tutti i settori dove la bassa specializzazione trionfa.
Non importano solo manovali da sfruttare, dagli spacciatori che se ne fregano della prigione, quando ci finiscono, delle prostitute e...... prostituti per tutti i gusti e tutte le tasche, ai braccianti di pochi euro al giorno.

Loro, gli irriducibili della vecchia politica, sperano di avere dalla loro una massa di disperati senza futuro domani da manipolare, in nome del diritto al saccheggio, ad occupare le case di poveri italiani malati, che le sono comprate con l'onesto lavoro.

Con queste folle feroci si spera di ottenere la conservazione del loro potere, attraverso i soliti giochi sporchi di palazzo.

Il Pd di Letta si sta trasformando in un'armata allo sbando, che non vuole arrendersi o disperdersi ed è pronta, per difendere il proprio potere, a cambiar bandiera, a farsi...... turca o passare con i nemici, pur di non dovere essere considerati degli sconfitti.

In gioco è tutto l'apparato dello Stato e del parastato, dei mille intrecci economici e politici, di un sistema nato e cresciuto corrotto, che il vento della concorrenza globale rischia di far crollare.

È questo il sistema che ha creato il debito pubblico, benché loro hanno scaricato tutto, per esempio con i tagli alla sanità e alle pensioni, su chi lavora.

I parassiti, pidocchi e pulci o virus e batteri, non sanno che se uccidono l'organismo ospitante pure loro muoiono, però non si arrendono e ci stanno massacrando come popolo, nel vero senso della parola.

Il tentativo palese di sostituirci con altri popoli segue questa logica demenziale e criminale, loro sperano di trovare altri individui da sfruttare, ma stanno sbagliando tutto.

Ormai siamo alla fine di certi lavori ripetitivi, da quello dei braccianti, a quello dell'impiegato che schiaccia due tasti su un computer, in modo semplice e banale.

Queste masse di disperati detti migranti saranno solo un problema per l'ordine pubblico.

Quindi la concorrenza, quella tanto esaltata, a parole, nel passato da questi irriducibili democristiani alla Letta, li spazzerà via, l'importante sta nel non pagare troppo noi tutto questo.

Non vorrei che l'Italia, fra 30 o 40 anni, si trasformi in una specie di caravanserraglio....... multietnico, con bande di predoni in azione, terroristi e taglia gole e i politici nazionali trasformati in sceicchi.

Il futuro sarà nero?

Sono sempre più pessimista non per il futuro, che vedo sempre più nefasto.

Però non temo cose terribili e apocalittiche perché siamo alla fine di un'era, con i barbari feroci e bestiali ai confini, pronti a massacrarci.

Nel passato i nostri antenati hanno visto e subito cose terrificanti, come guerre e pestilenze, invasioni e saccheggi, pirateria sulla costa da parte dei vascelli saraceni, in cerca di bottino e schiavi.

Loro, che avevano la loro cultura popolare e la loro fede religiosa buona e onesta, cristiana veramente a livello popolare, resistettero e seppero vincere epidemie terribili, violenze e soprusi terrificanti, neppure immaginabili oggi.

Cosa manca a noi, presuntuosi e confusi, anzi smarriti nella nostra nuova epoca?

Siamo tutti armati di nuove tecnologie, ma abbiamo perso l'anima, il senso cristiano della vita, che era razionale, pochi lo sanno, umanitario nel vero senso della parola, vicino ai più deboli, ma non verso i commedianti e i falsi poveri.

Ora rischiamo l'invasione?

Questo fatto è conseguente alla debolezza mentale che il ceto medio ha, quello del posto fisso, delle raccomandazioni facili, degli amici in parrocchia o nel sindacato....... progressista, con la tessera del partito da esporre quando serve e si adatta a tutte le mode....... demenziali.

Oggi è contro l'omofobia e non manda più nessuno a fan culo,....... ci va e basta.

Si fa........ buddista, si vende l'anima per seguire idiozie, per ritardati mentali, orientaleggianti.

Crede nelle organizzazioni umanitarie, finanziate da strani miliardari in affari e versano pure qualche monetina a costoro per sentirsi...... umani.

Il popolo dei minchioni è certo che la loro casa nessuno gliela toccherà, banca o migranti che siano.

Sono convinti che tutto questo capita ai........ non politicamente corretti e a loro ben gli sta, a questi....... retrogradi, come li definiscono, mentre loro, progressisti, neo confuciani, che abbracciano cinesi con il raffreddore, che ringraziano Conte con frasi di alta stima, per........ quello che ha fatto.......all'Italia, povera Italia, sono certi che i mussulmani lasceranno la minigonna alle loro figlie, a loro concederanno di mangiare il prosciutto crudo di qualità, che il nipotino gay non sarà sgozzato, ma rispettato dagli........ integralisti islamici.

Io posso solo augurare a loro un avvenire degno della loro intelligenza........

Non aggiungo altro.

L'Italia e i crimini contro l'umanità per........ difendere i diritti umani.

La legge Zac trova l'appoggio di molti personaggi dello spettacolo.
Perché capita questo?
Il sistema delle....... sponsorizzazioni pubbliche, una delle cause del debito pubblico e non l'ultima, è legato al Partito Democratico, ovvero tutti i cretini vanno in televisione o fanno film, attività sempre in perdita, solo se seguono la linea di queste .... cosche che premiano chi sta con le forze......... democratiche.
Infatti i farabutti hanno tagliato le pensioni di chi ha lavorato più di 40 anni, la sanità, ma non gli sprechi criminali del denaro delle nostre tasse.
Così, per una moda demenziale statunitense, tutti rischiamo di essere processati per aver letto in pubblico parti della Bibbia, che accusano gli omosessuali.
Dopo duemila anni tornano in Italia le persecuzioni religiose contro i cristiani, quelli veri e questo passa tutto tranquillamente, ma forse a fermarla sarà, incredibile e forse divertente, la Lega, il partito più odiato di Bergoglio.

Cari papisti fatevi due domande e smettetela di essere servili, meschini e intrallazzoni, ma tornate finalmente cristiani.

5 stelle, filo stupratori e amici dei pederasti?

Quella di Grillo è stata un'apologia dello stupro Libero, tipico tra certi figli di....... puttana di alto borgo.
In tanti conoscevano le trappole per certe fesse che cercavano.... Il principe azzurro dai figli di puttana che le

caricavano sulle loro fuori serie e le portavano nelle loro ville, dove alcool e anche droga, rendevano tutto più facile.

I predatori erano protetti da mammina e paparino, con i migliori avvocati, profumatamente pagati e le poverette, commesse o impiegate, oppure studentesse senza troppi denari, tacevano quasi sempre.

In tribunale, quando vi finivano, erano umiliate e trattate come luride zoccole, tanto facili, che poi pretendevano di essere ripagate bene, per il servizio.

Grillo, con il suo discorso, ha fatto un'apologia di reato, giustificando lo stupro, che è evidente, anche per il grillino più stupido.

È impossibile che una ragazza sia consenziente con 4, dopo essere stata fatta ubriacare e costretto all'atto prendendola per i capelli.

Se fosse capitato questo la ragazza sarebbe una psicopatica da intervento urgente e quindi non da abusare, perché era in condizioni mentali gravi, ovvero era un'incapace di intendere e di volere.

Il fatto gravissimo sta in queste dichiarazioni, che il fondatore dei 5 Stelle ha proposto come giustificazioni da peggior avvocato penalista, che difende i peggiori criminali, ovvero fu la vittima che volle essere maltratta, abusata, umiliata, perché.......

Il perché nessuno lo sa spiegare.

Poi lottano per una legge anticostituzionale, che limiterebbe la Divina Commedia, la Bibbia e anche parte del Nuovo Testamento, chi parla di famiglia naturale, la famigerata legge Zac.

Scusate, se votate questa brutta gente non me lo dite, perché ho lo stomaco....... debole.

A comandare in Italia sono i grandi capitalisti?

Se fosse così saremmo messi bene o quasi, perché loro hanno degli interessi da difendere e gli......... animali da soma, detti lavoratori, non li farebbero morire di fame.

Parlo di animali in senso ironico.

Li tratterebbero quasi bene, perché conviene premiare chi produce ricchezza, non i parassiti.

Invece noi abbiamo al potere una folla di fancazzisti, mafiosi, gruppi di potere clientelari, io dico spesso discendenti dei vecchi partiti storici, o cresciuti con loro.

Questa folla di parassiti, che ci costano miliardi e miliardi, io li metto tutti assieme, dai vincitori di concorsi per posti inutili o dannosi, ai sindacalisti, specialmente delle pubbliche amministrazioni, poi abbiamo il popolo del parastato, dei traffici delle municipalizzate, delle imprese dei servizi, che costano il doppio o più di quelle sul libero mercato, oppure le imprese edili che richiedono due volte il capitale patteggiato per certi lavori pubblici, per misteriosi problemi sopraggiunti.......... che aumentano i costi, sempre.

Tutto questo è la causa principale del debito pubblico e se si volesse tagliare la spesa pubblica, almeno dimezzandola, per esempio eliminando finanziamenti pubblici a film e a organizzazioni politiche, di ogni tipo e genere, sarebbe....... facile.

Io so solo un fatto, i grandi capitalisti, o meglio, il mondo finanziario internazionale, ha una grande pazienza, sa che prima o poi tutto questo crollerà e si prepara alla speculazioni allo scoperto, ovvero quando si guadagna quando crolla o decade un sistema economico, in discesa.

Dipende da noi pretendere i tagli all'apparato pubblico, per esempio la televisione di regime RAI deve essere venduta ai privati, togliendo la propaganda dell'apparato a nostre spese.

Tagliando il sistema burocratico, risparmiando su tutto, non ci troveremmo più bloccati, un intero Paese, durante la pandemia, perché non ci sono reparti di terapie intensive.

I cretini, anzi, i delinquenti che hanno tagliato sulla sanità hanno provocato un danno economico terribile, sotto i nostri occhi.

Bisogna tagliare i finanziamenti alle radio e alle televisioni, agli enti inutili, ma prima o poi qualcuno farà cambiare tutto, con le buone o con le cattive.
Cari fancazzisti, prima o poi sarete costretti a lavorare.

I 5 stelle sono favorevoli allo stupro degli ubriachi?

Se una persona è sbronza non può essere condiscendente con nulla, non può votare, non può fare testamento, nessun notaio serio accetterebbe la sua sua firma, non può decidere quale strada prendere o mille altre cose simile, ma può essere stuprata, perché non riesce a reagire ed è accondiscendente a prescindere.
Questa assurda legge non scritta era suggerita dai soliti avvocati delle cause perse, nei tribunali, per stupro, dove il solito branco se ne era approfittato della ragazzina

sbronza, fatta bere con diversi trucchi, in modo che non potesse più reagire, nel suo stato confusionale.

Io parlo di ubriachi di entrambi i sessi, perché ormai tutti o quasi, maschi e femmine, dal punto di vista naturale, rischiano in questa epoca degenerata e demenziale.

Allora Grillo ha affermato che lei, la vittima, ha atteso 8 giorni per denunciare, ma lo shock e il terrore successivo non erano cosa da poco, poi i 4 con il bravo Ciro Grillo, sono rimasti nel limbo, come capita per molti politici e figli di politici, perché protetti dalla logica della casta, quella che papà Grillo diceva di voler sconfiggere,..... a parole.

Quindi Grillo ha minacciato la povera ragazza, che secondo lui era consenziente con 4 ragazzi, da ubriaca, presa per i capelli, di subire altri guai giudiziari, se era accondiscendente significa che è una....... calunniatrice, da denunciare e far condannare.

Avendo Grillo ottimi rapporti con il governo, anzi, avendolo in pugno di fatto, può benissimo schiacciare una povera ragazza vittima di uno stupro.

Chiedo a questo punto, a tutte le grilline, se una subisce un atto simile, a meno che fosse una prostituta professionista, oppure una psicopatica da ricovero coatto, accetterebbero un atto simile o conoscono amiche o altro che farebbero tutto questo in modo libero?

La risposta è ovvia e quindi, con o senza sentenza, questo è uno stupro evidentissimo.

Abbiamo i filmati che ha visto Grillo?

Erano segretati e come ha fatto a vederli?

Posso provare schifo verso tutti i grillini che non hanno preso le distanza dalle affermazioni disgustose del loro capo?

A chi attende la sentenza io rispondo che di quella non so cosa farmene per sapere che il figlio di Grillo è uno stupratore, la descrizioni fatta dal paparino e il suo demenziale atteggiamento dimostrano i fatti come sono.

Se poi passasse la tesi che un ubriaco è accondiscendente state attenti a non alzare troppo il gomito o vi troverete con il culo .... rotto, oggi non si fanno troppe sottigliezze.

Sì, votare 5 stelle significa prenderlo nel culo in tutti i sensi.

Papa Bergoglio prova vergogna?

Se fossi in lui mi nasconderei e a differenza di lui, non sono ateo e credo in un Dio che mi giudicherà, proverei, se fossi nei suoi panni, terrore oltre che vergogna.

Quando si gioca sulla pelle dei disperati, spinti a fuggire dai loro territori con promesse ingannevoli, li butti in mare e li lasci affogare, li fai arrivare sulle nostre coste e rubi le magre risorse presenti per favorire traffici criminali di ogni genere ti puoi solo chiamare porco negriero, schiavista di merda oppure......... buonista.

Un africano costa, ai mercanti di carne umana, circa 10 mila euro, ma un operaio in Italia costa in un anno non meno di ventimila euro con le tasse e i contributi, in Germania non meno di 30 mila euro.

Quindi, in nero o dentro le cooperative, sovvenzionate con denaro pubblico, un nuovo schiavo renderà abbondantemente il doppio del denaro speso dal trafficante in un solo anno.

Diciamo che è un vero affare, poi ad affogare sono loro e ce ne sono sempre tanti altri pronti a partire.

Il papa, anzi l'antipapa Bergoglio, famigerato gesuita dal passato ambiguo e pure criminale, in Argentina, quando parla di vergogna intende questo, quella che lui e i suoi sozzi preti urlano dai pulpiti, mentendo spudoratamente, contro qualche povera vecchina che vive assediata dai delinquenti di colore, dopo una vita di lavoro e di fatica.

Oggi la poverina teme l'inferno perché non è......... ospitale, mentre il prete accoglie.......... volentieri i ragazzi alla stazione, ma......... non giudichiamo o si va all'inferno.

Scusate, ho le idee confuse.

Chi dovrebbe andare all'inferno?

Il papa e i suoi preti pedofili o le persone oneste che non vogliono degrado attorno a loro, dopo una vita di onesto lavoro?

Il   lavoro   rende   liberi.
Non è una battuta macabra, in ricordo di quella scritta sui campi di sterminio nazisti.
È un dato di fatto, ovvero quando si ha un lavoro, un reddito produttivo, si hanno dei diritti, mentre se ti danno un reddito alternativo per sostenerti, come il reddito di cittadinanza, perdi il diritto a pretendere, sei schiavo della politica di chi ti mantiene, ovvero possono portare avanti politiche che ti mettono le spalle al muro, ti preparano il......... mattatoio sociale e tu devi tacere, devi subire.
Possono toglierti o ridurti il servizio sanitario, lasciandoti crepare senza cure in caso di necessità, possono preparare una dittatura economica e finanziaria e a quel punto scaricarti, ma tu non hai armi per difenderti, per esempio con lo sciopero.

Puoi sempre scendere in piazza a protestare, ma se fai troppo rumore ti schiacciano senza problemi e finisci pure male, fisicamente.

Per questo motivo è mille volte meglio essere degli sfruttati, dei manovali sporchi di terra e cemento, ma liberi di alzare la voce, che un disoccupato silenzioso e servile con il reddito di cittadinanza.

Loro ti hanno comprato il voto e tu non hai più altri diritti, in pratica ti stanno preparando la fossa e devi tacere, perché non hai voce, perché non hai un lavoro, una posizione sociale utile al sistema produttivo.

In pratica non esisti e potresti essere schiacciato come un insetto, quando il tuo voto non servirà più.

Ceto medio, piccolo, piccolo borghese.

Un borghese piccolo, piccolo era il titolo di un film di anni fa.

Il ceto medio, non solo italiano, ma occidentale, è rappresentato da soggetti non ricchi, ma altezzosi, con qualche soldo in più di tutti gli altri.

Non si sporcano le mani con lavori......... indegni, come loro li considerano, specialmente nei campi o nell'edilizia.

Sono spesso, se non sempre, raccomandati e non disprezzano l'origine delle loro raccomandazioni, ma le celano sempre.

Sono il popolo degli uffici, quello che oggi viene falcidiato dalle ristrutturazioni aziendali, che rischiano il posto in Comune, con le nuove proposte di ristrutturazione delle Pubbliche Amministrazioni.

Loro sono fedeli come certi cani, fedelissimi a chi li........ lascia tranquilli e non protestano mai, contro chi li fa precipitare nell'inferno del precariato, della disoccupazione.

Sono loro i lettori accaniti dei quotidiani.......... progressisti e si bevono tutte le minchiate proposte e imposte, non notano mai le contraddizioni e le assurdità politiche, ma disprezzano i fascisti e i leghisti, retrogradi e...... Ignoranti secondo loro, oltre ad essere gente spesso con le mani sporche per il lavoro.

Hanno i figli disoccupati a vita, dentro il centro sociale degli sfigati, che prima o poi finiranno a fare i barboni, ma loro sperano sempre nella....... santa raccomandazione.

Il 25 aprile cantano Bella Ciao, abbracciano un cinese e qualche spacciatore nigeriano, si sentano democratici in....... lotta e non si arrendono mai, neppure di fronte all'evidenza.

Alla fine di questa ricostruzione diciamo, viva la resistenza?

Lasciamo perdere perché divento.......... scurrile.

Censura sempre più ridicola.

So ben che la censura, da sempre, si vince con l'intelligenza.

Io l'ho sempre superata, non è un'invenzione di Facebook, con la tecnica di parlare e descrivere situazioni distanti dalla realtà del momento, oppure si usa la tecnica del racconto e del romanzo, posto in un Paese immaginario, con nomi e fatti inventati, ma le vicende sono molto simili alle attuali.

I cretini non leggono e i censori sono della razza più stupida che esista, quindi mai arrivano a censurare racconti e narrazioni, che disprezzano perché considerano........ inutili.

Oggi la censura spinge a una dittatura demenziale trionfante, legata a interessi commerciali, tardo consumistici, di cui le grandi società della rete si nutrono.

Il popolo dei cretini si colora le unghie, i maschietti e le femminucce comprano sandali....... lanciati dalla bionda ossigenata e siliconata bambola, dal sorriso idiota.

I soldi sono quelli di papà e mamma, che stanno andando all'ospizio per anziani e presto non potranno più mantenere il figliolo cinquantenne in cerca del primo posto di lavoro.

Questo mondo, che spera di fare i soldi con qualche trucchetto finanziario, ma nel frattempo sogna un posto in comune, dove le raccomandazioni non bastano mai, si prepara a sprofondare nella miseria che si genererà con le nuove tecnologie, dove il lavoro diventa sempre più raro.

Nel frattempo ti censurano Gesù Bambino, perché....... offensivo ai sentimenti degli islamisti o degli agnostici, uniti nella lotta contro il messaggio e la cultura cristiana.

Riassumendo, i discorsi contro l'omosessualità sono vietati, quindi Bibbia e Corano non possono essere presi come esempio, La Divina Commedia pure, con i libri dei Santi, ma anche di Sigmund Freud, tutti......... omofobi.

Ormai il motto vincente, grazie a questa truffa che si chiama rete in mano a dei minchioni a stelle e strisce, è "cretini di tutto il mondo unitevi".

Non aggiungo altro e resto sempre al fiume ad attendere il passaggio dei cadaveri, non sulle rive del sacro Gange, ma su quelle dei nostri fiumi occidentali.

Passeranno anche questi idioti e di loro resteranno le barzellette e nulla più, sì, i posteri rideranno a sapere che questi dementi avevano in mano la censura delle idee del mondo.

Politica e interessi economici, finanziari.

Io non credo nei capitalisti feroci e biechi, nei ricchi con i milioni, anzi i miliardi, che siano bestie di Satana, biechi e crudeli, invece mi immagino che milioni e milioni di individui, con qualche interesse da difendere, decidano per tutti.
Non quando vanno a votare a destra o a manca, ma quando vanno in banca e chiedono un investimento redditizio o cambiano istituto bancario.
Nel bene e nel male il mondo segue la logica del profitto che alla fine impone le sue leggi.
Chi vincerà alla fine?
Il profitto sta con il lavoro produttivo, con l'impegno e con le nuove tecnologie.
Non lo vedo buono a prescindere, ma neppure cattivo in se stesso, però il mondo dei parassiti e dei nulla facenti,

furbastri di antica data, o appena sbarcati a Lampedusa, lo considero già perso.

Infatti, se vincessero loro avremmo le guerre tra bande nel centro di Roma e di Milano, la guerra Santa Islamica nei pressi della Borsa finanziaria milanese, le epidemie quotidiane e i massacri settimanali, con tanta miseria e l'Apocalisse alle porte.

Dire che il vecchio di politiche antiquate, con privilegiati nelle amministrazioni pubbliche, nella Magistratura, pare arroccato a difesa di privilegi anacronistici è fin troppo ovvio.

Sono come Maria Antonietta e guardano il popolo affamato con disprezzo e si sentono sicuri, senza sapere che le loro teste sono ormai sotto la lama della Ghigliottina.

Il caos è la loro ultima speranza e così più disperati sbarcano meglio è per loro, nel tentativo patetico di fermare la storia.

Si uniscono con gli islamisti, probabilmente prendono soldi dagli sceicchi e da Erdogan, il nuovo sultano, che temono la loro fine storica, come i nostri burocrati inguaribili e cercano alleati retrogradi in Occidente.

La lettera, quasi minatoria, degli ufficiali in pensione in Francia, contro il potere politico dimostra che in tutto l'Occidente ci sono forze che non si arrendono e i pennivendoli, gli scribacchini detti...... intellettuali non li fermeranno, in caso di azioni obbligate e necessarie.

Sapete chi spingerà i generali francesi, ma anche italiani e tedeschi, diciamo europei in genere, all'azione?

Non i biechi capitalisti, ma i nostri interessi in banca, la nostra è una democrazia degli affari e degli utili, possiamo avere tutte le idee che desideriamo, ma contano solo le nostre azioni, quindi quando pretendiamo un maggiore utile finanziario per un dato fondo, spingiamo verso ristrutturazioni nel mondo del lavoro e più sicurezza nelle strade, senza di essa si ha perdite finanziarie e non utili.
I buonisti, alla fine, sono nazisti e razzisti, ma loro non lo sanno, o fanno finta di non saperlo.

Stato e mafia, crimine e indagini, prove evidenti e censura.

Prima di Mani Pulite tutti sapevano che i politici erano corrotti e tutti sapevano che il sistema italiano fosse marcio.

Parlo di ciò che era evidente, mi ricordo di discorsi ironici e soddisfatti di chi, sapendo come andavano avanti i fatti, si vantava del concorso truccato vinto da loro o dai loro amici.

Mi ricordo un sistema così corrotto che era normale la rete di favori e di scambi di aiuti nel pubblico e nel privato.

Tutti sapevano che il tale lavoro pubblico costava due o tre volte il preventivato per dover pagare le mazzette agli amici degli amici.

Poi se si formavano subito le crepe e l'edificio diventava pericolante era.......... normale.

Tutto era ed è con le tessere politiche e sindacali, allora contava molto la Democrazia Cristiana e quindi tanti si facevano vedere in...... chiesa, o in Comunione e Liberazione, altri poi mettevano i piedi dentro il Partito Socialista e le cooperative rosse erano sempre........ ospitali.

Qualche timido magistrato tentava, ogni tanto, di intervenire contro il singolo corrotto, ma aveva l'ostilità di parte dell'opinione pubblica e il caso era insabbiato abilmente, mentre il volenteroso magistrato finiva trasferito in una sede disagiata.

La mafia lavava e lava i soldi sporchi e lo spaccio si diffuse libero nelle periferie, tanti poveri idioti finirono dentro l'inferno delle sostanze stupefacenti, ma allora non era necessario importare immigrati, gli spacciatori erano tutti italiani, poi questo lavoro gli italiani non lo hanno più voluto svolgere ed è stato.......... necessario utilizzare le imbarcazioni delle Ong per favorire tutto questo schifo periferico.

Allora come oggi la maggior parte dei pennivendoli non vedono e non sentono, perché sono pagati per tacere, la magistratura, quando è onesta, non osa toccare certi argomenti, avrebbero la maledizione dei mass-media, degli........ intellettuali semi analfabeti che strillano in televisione, così i soldi sporchi rientrano nel sistema e in tanti mangiano.

Il sistema corrotto è evidente e il rapporto tra criminalità e certi faccendieri, molto potenti, tra politici e tutto l'apparato politico e sindacale è pure sotto gli occhi di tutti.

Però guai indagare, si ricevono maledizioni dal pulpito televisivo, dal tale vescovo, o dal solito prete in pensione che odora di pedofilia, dal giornalista con trecento denunce per diffamazione e qualcuno paga per lui tutti i suoi processi, ma non si sa..... chi sia.

Il nostro Paese è diventato la pattumiera d'Europa, sia per gli scarti umani e per quelli industriali, come il caso della terra dei fuochi, ma il ceto medio non vede e non protesta, oggi come allora tutti sanno e raccontano le barzellette sul crimine e la corruzione, ridono compiaciuti, da...... furbi.

Poi capita che il figlio inizi a drogarsi e allora scoppia la tragedia, ma nessuno si chiede di chi sia la colpa, nessuno si guarda allo specchio, tra i....... furbastri e sputa sulla sua immagine.

Generazione di sfigati.

Mi dispiace attaccare i........ poveri giovani di oggi, ma non
li capisco.
La mia vita non è stata facile e il lavoro è stato un
problema per alcuni anni.
Il mondo di allora era diverso e se ottenevi un posto era
per sempre, così le...... teste calde non trovavano, perché
indicati dalle solite comari del quartiere, dai vari ruffiani,
come cattivi e inaffidabili.
Io ero un........ ribelle e dovetti tacere perché neppure il
posto da spazzino riuscii a ottenere.
Avevo un'alternativa, l'estero, come perito, in una ditta che
lavorava vicino al confine iracheno, dove la guerriglia
curda era attiva.
Pagavano molto bene, ma il lavoro era tanto e non c'erano
giorni di riposo.

All'epoca ero più incosciente che coraggioso, ma avevo un problema al passaporto e attesi qualche tempo per risolverlo e non partii più.

Finii in un posto tranquillo per sbaglio e lì vi rimasi, sognando la fuga ogni giorno, la mia anima ribelle non si era mai placata.

Negli anni difficili, prima di finire dietro una grigia scrivania, feci molti lavori e lavoretti, dal manovale per l'edilizia allo scaricatore di cassette di frutta al mercato, al bracciante, all'operaio semplice.

Ero cresciuto con l'idea che il lavoro non disonora e questo principio mi rimase sempre dentro, ma la generazione successiva alla mia mi parve subito diversa, figli unici o quasi, comodi e sprezzanti verso il lavoro che sporca le mani.

Questa generazione di rammolliti, che accetta l'ordine sociale prestabilito, le caste e i privilegi senza borbottare neppure, che disprezza il lavoro e i lavoratori, che si mette lo smalto sulle unghie, come tante fighette di...... alto borgo, mi fa schifo.

Un tempo li avrebbero raddrizzati a calci nel culo, hanno 40 anni e sono ancora a casa di papà e di mammina, che dà ancora la mancetta al ragazzone tardone, ma guai partire e andare a cercare un lavoro, onesto, reale, si sentirebbero disonorati.

I loro padri e i loro nonni hanno fatto il salto di qualità, creando il benessere e loro stanno distruggendo tutto.

Li vedo per le strade, affumicati e pasticcati spesso, talvolta anche con altro, ma pure l'alcool non lo disdegnano.

Ridacchiano e non hanno valori, speranze, non sudano e non lottano, non hanno una fede in qualcosa, forse solo nella squadra di calcio, ma lasciamo perdere.......

Le mamme dicono, poverini, ma forse necessitano qualche calcio in culo, qualche bastonata in più, perché questa è la generazione perduta, post consumismo, vittime della mollezza di esistenze mosce e da idioti.

Povera Italia, sempre più in pugno a un branco di idioti.

Cantanti con musica, così la definiscono, simile a certi rumori, non dico quali, ritmati, con qualche buffone di regime, si fanno capi popolo per difendere gli stupratori di famiglia.

Ormai il mondo sta cambiando e i parassiti finiranno a fondo pure loro, con i ratti che non sono riusciti a fuggire.

Però pagheranno tanti altri poveracci, ingenui e un po' idioti.

Il futuro sarà nero, molto brutto, ci saranno momenti terribili, ma questo è tipico nella storia, noi abbiamo avuto il più lungo periodo di pace della storia italiana, da quando esiste questa penisola abitata da esseri umani.

In duemila anni non c'è stato un periodo così lungo, guerre e pestilenze, terrificanti da fine del mondo, ogni generazione le ha conosciute, nel passato.

25 anni di pace erano tanti, forse troppi.

Oggi però pare che l'orrore sarà tanto e io mi immagino l'inferno in terra, come lo possiamo prevedere oggi, con i robot e l'intelligenza artificiale che faranno stragi, perché la bestia umana resta tale.

Poi un fatto è certo, quando i gravi problemi ci colpiranno in troppi si comporteranno come galline, che vanno al macello, si beccheranno.

Un tempo almeno si cercavano intellettuali....... veri, non fasulli, persone intelligenti e colte, per guidare i destini degli italiani.

Nessuno ha mai dato del cretino a Giolitti, a Cavour, a Degasperi o a Togliatti, ma oggi preferiamo i pagliacci e questi diventano........ popolari.

I partiti dei buffoni fanno solo buffonate, pagliacciate e ci lasceranno affogare, quando l'acqua alta arriverà.

La vicenda del Covid non ha ancora insegnato e si continua, tra poverini culturalmente bassi e Qi al seguito identico, a battere le manine per l'idiota con le unghie colorate, poi se i terroristi islamici sgozzeranno un po' di persone andate da costui a chiedere come fare, o...... coglioni irriducibili.

Quando le periferie esploderanno andate dal giornalista con 200 querele per diffamazione, quando le nuove malattie scoppieranno nei ghetti e faranno altre stragi andate dal buffone che difende il suo....... bambino stupratore.

Sinistra e casta, da burocrati per un potere sclerotico a strumento a servizio degli interessi finanziari disumani e spietati.

Lottavano per una società uniformata, dove la mediocrità trionfava ed era esaltata, appunto nello stile sovietico, dove era criminale pensare con la propria testa, poi, caduto il muro di Berlino, si sono messi a servizio del potere finanziario, degli interessi delle banche, della grande finanza mondiale.

La prima cosa che hanno fatto è stato tagliare il Servizio Sanitario Nazionale, per favorire quello privato, ovvero solo se hai i soldi vieni e verrai curato oppure crepi come un cane randagio.

Poi difendono gli immigrati, che sono dannosi e creano solo debito pubblico, come i dati dimostrano, ci raccontano idiozie sulla loro utilità, ma oggi conta quanto reddito si crea con il lavoro e non quanti manovali utilizzi in agricoltura, perché le nuove tecnologie stanno tagliando sempre più il lavoro, prima che il costo del lavoro in se stesso.

Diciamo che oggi la sinistra è formata da mercenari di interessi che li manipolano e prima o poi, la getteranno nella spazzatura.

Per ora tutti abbiamo visto che hanno preferito finanziare gli immigrati, per comprare i loro voti, gente dalla resa economica singola e di gruppo appunto da Terzo Mondo, sperando di mantenere il potere, ma stanno solo accrescendo in modo esponenziale il debito pubblico, che dovrà essere pagato, questo debito non sarà lasciato cadere, dimenticato.

Per pagarlo serve una vera riforma della democrazia rappresentativa, con meno politici professionisti e amici, parenti e affiliati al seguito.

Tagliando per esempio tutti i fondi donati per mantenere i parassiti, oggi quasi tutti di sinistra, si risolverebbe la questione del debito, in pochi anni, senza troppi sacrifici.

Serve una politica che premi chi si impegna e lavora onestamente, colpendo i vari parassiti furbastri.

Mi dispiace, ma vedremo anche le pulizie etniche, dei non adeguati al sistema produttivo, è la legge economica spietata e trionfante che in modo cieco la sinistra porta avanti.

Vedremo le navi zeppe di ex migranti, dei loro figli, riportarli nei ghetti del Sud del mondo, lo imporrà la stessa logica che oggi taglia l'assistenza sanitaria per i più poveri.

Combattere contro la politica della sinistra demenziale e irrazionale, di gente incapace di analizzare la situazione attuale e tutta intenta a conservare i vecchi privilegi......... spesso di origine medioevale, è un dovere umano.

La logica del profitto non perdona e se i migranti vorranno riportarci nel Medioevo sociale ed economico, verranno rispediti a crepare a casa loro.

Letta, Conte e tutti i suoi amichetti, passando da Grillo, con tanti altri che non si vedono e non si sentono, grazie a Dio, sono solo i nuovi passeggeri del Titanic, che la nave affondi non ho dubbi, ma io sono già sulla scialuppa, anzi, sono già in mare.

Ci stanno prendendo tutti per il culo.

La questione del tossicodipendente che ci insegna la logica dei diritti, in diretta televisiva, con i politici nazionali, miseri, miseri, che entrano nella questione, con la stampa che non parla di crisi economica, di morti per Covid, di debito pubblico, che ci metterà alle strette nei prossimi anni, pare la più grande presa per i fondelli della storia.

Parlano solo di unghie colorate e di idiozie in rete, o al concertone per minchioni, di..... censura in RAI, sì, un tempo c'era una trasmissione che si chiamava "oggi le comiche", poi tutto in RAI è diventata una buffonata.

Il dramma maggiore sta nei giovani sottoccupati, con il reddito di cittadinanza, che non si fanno neppure un paio di corsi seri di informatica, che gli darebbero il lavoro.

Potrebbero fare i piastrellisti, almeno per qualche anno, guadagnando come un libero professionista, o il fabbro, che non trovi mai e quando ti viene a casa devi preparare il gruzzolo.

Invece imitano il coglione di successo, si riempiono di tatuaggi con i coloranti cancerogeni, strillano qualcosa e si sentono dei musicisti rap, che forse è l'abbreviativo di teste di rapa.

Sono tutti........ omosessuali per moda, ma se fossi in loro indosserei le mutande di ferro, non si sa mai.

Poi ricordo che mentre parlano di idiozie e di influencer il debito pubblico ha superato i 150%. del Pil, che per chi conosce qualche nozione di matematica, rappresenta almeno 100 anni di sacrifici e sangue da sputare.

Non ci faranno un solo centesimo di sconto, anzi gli interessi sono una mazzata che ci attende, o meglio vi attende, cari ragazzi.

Si potrebbe risolvere il problema tagliando gli sprechi, imponendo una burocrazia intelligente, meglio con l'intelligenza artificiale.

A voi conviene studiare informatica, ma anche leggere e apprendere il più possibile, oppure tornare a fare il cottimista nell'edilizia, o i fabbri, gli artigiani in genere.

Questo è il futuro e se fossi in voi smetterei di colorarmi le unghie, in certi lavori le unghiette si rovinano e lo smalto si graffia.

L'Italia è un Paese corrotto?

Molti pennivendoli hanno accusato gli italiani, ovvero la nostra natura ipocrita, così affermavano, di gente che "tiene famiglia" e per questo motivo accetta tutto.

In realtà abbiamo circa 60 milioni di italiani fuggiti all'estero in 150 anni, non solo per cercare lavoro, ma tanti per non piegarsi a questo sistema nazionale, ipocrita e viscido.

La corruzione è entrata nel sistema nazionale con la Guerra Fredda, quando o eri del Pci o della Dc, due partiti veramente sozzi, che erano anche agenzie per il lavoro, dove loro erano la maggioranza.

Poi si erano divisi l'apparato pubblico, la Magistratura, la dirigenza nelle Pubbliche Amministrazioni, gli....... apolitici facevano i bidelli, se riuscivano ad entrare nelle pubbliche amministrazioni.

Non era solo il lavoro da mezze maniche che era lottizzato, come oggi ancora la RAI, avevamo un sistema economico finanziato con le partecipazioni statali, gli appalti.

Oggi la globalizzazione ha modificato il tutto, ma ormai l'Italia è il Paese della banche, della grande finanza, quella miope e ottusa, di gente che ha a che fare con voragini e bolle finanziarie, pronte a far crollare tutto.

Così il mondo politico ha perso importanza, ma, guarda il caso, a governare e a decidere, abbiamo un banchiere.

Tutto il sistema antiquato scricchiola sotto il peso della competizione mondiale e allora eccoli che si attaccano ai buffoni e ai cantanti che ne sparano tante.

Pochi si accorgono che il mondo sta mutando, le notizie più importanti nessuno o quasi le legge, abbiamo i robot spazzini e poliziotti, abbiamo le prime fabbriche senza operai.

Tutto..... tranquillo quindi, poi ci sono i...... concorsi pubblici e uno ha in tasca la tessera giusta, ma ci si scorda che il debito pubblico ha imposto la riduzione dei dipendenti pubblici, con i computer, così circa un milione e mezzo di dipendenti pubblici sono spariti negli ultimi vent'anni ed è solo l'inizio.

Sì, la logica della competizione sta facendo molti danni al mondo del posto sicuro, ma anche l'apparato è destinato a crollare e le mazzette non le puoi più fare in contanti, ma devi usare la moneta elettronica.

Quando non serviranno più i corrotti e i corruttori finiranno in mezzo a una strada e non potranno fare neppure gli spazzini, al loro posto ci sono già i robot.

Gli intellettuali sono servi del potere.

Che i giornalisti servono chi li comanda, fanno appunto le puttane del potere, è evidente, che gli intellettuali siano persone che campavano a spese del principe, un tempo, ovvero erano cortigiani e cortigiane colti, è scritto nei libri di storia.

Infatti le uniche donne colte e letterate del passato erano le....... cortigiane, ovvero meretrici di alto borgo, super pagate.

Oggi la faccenda non è mutata, anche perché da noi nessuno vive con i diritti d'autore, tranne per i libri scolastici, che però devono passare sempre sotto il controllo diretto o indiretto dei potenti del momento.

Ecco a voi chi sono gli..... intellettuali, servi idioti di potenti del momento, furono giolittiani, fascisti, democristiani, liberali, comunisti, filo stalinisti, ma anche servi del potere sovietico, oppure oppositori esaltati e antisovietici, però nemici della loro patria.

La cultura è un'arma potente e i potenti la temono, la censurano, ma non capiscono chi possiede intelligenza e cultura, perché il potere è da sempre in mano a dei bovi che guidano tanti pecoroni, o se vogliamo, spesso brava gente ingenua, almeno un tempo, oggi solo pecore e capre al pascolo.

Quindi gli intellettuali prima furono liberali poi furono in branco fascisti in Italia o antifascisti in Francia e nell'URSS.

Poi divennero stalinisti, di estrema sinistra, oppure democristiani a secondo dei casi, o tutto e il contrario di tutto.

Carducci li conosceva e sapeva bene che costoro avevano un grande problema, portare il lesso a tavola.

Non preoccupatevi degli intellettuali, oggi sono anticomunisti e antifascisti, ma lo sono pure le baldracche sulle vie della prostituzione, dipende da chi paga.
Domani saranno nemici della sinistra socialdemocratica e arcobaleno, loro non hanno colpa, è il mondo che cambia colore e il lesso a tavola lo si deve sempre guadagnare.

Fine

CURRICULUM

Rossi Arduino scrive e pubblica racconti, saggi da diversi anni, i suoi racconti sono stati diffusi e stampati su carta, in piccole edizioni, su riviste culturali in passato.
Ha stampato poesie, racconti e un romanzo breve con diverse case editrici, con cui collaborava esternamente: IL SALICE di Potenza, Montedit di Melegnano -MI, etc.
Scrisse e pubblicò articoli di saggistica, in particolare sul quotidiano BERGAMO-OGGI, la pagina della cultura.
Deve solo concludere la tesi per ottenere la laurea in lettere, indirizzo storico, a Milano, mai conclusa per il febbrile impegno culturale. Ha scritto moltissimi racconti, spesso di genere horror, che ha visto pubblicati in passato in due raccolte intitolate: "LA ROSA DI GENNAIO", "STORIE D'ALTRI TEMPI RACCONTATE ATTORNO AL CAMINO".
Un romanzo breve gli fu stampato, intitolato: "AVVENNE IN IRLANDA".
Molti altri racconti, brevi saggi e recensioni furono diffusi su riviste culturali.
Suoi racconti sono stati diffusi su internet, nei siti

OCCHIROSSI, ZERODELTA, ANNOTAZIONI.
HA SIGLATO UN CONTRATTO CON LA CASA EDITRICE
SENECA per la pubblicazione di un romanzo poliziesco LA
VILLA DEI CIPRESSI, nella collana AMARANTOS:
L'editrice Fabula ha presentato tre sue lavori, due raccolte
di racconti e un romanzo breve, nel suo laboratorio,
disponibile su Internet: fabula edizioni.
E' stata pubblicata una raccolta di racconti intitolata GLI
STATALI - con la casa editrice Morpheo Edizioni.
Collabora con i Giornali online REPORTONLINE e scrive
su una rubrica di AGENFAX, intitolata L'Opinione....di
Arduino Rossi, collabora con il giornale online della F.D.C.
Il suo sito personale è http://www.arduinorossi.bloger.com
Dipinge e ha ottenuto diversi premi di pittura a Milano.
Sue lettere, anche sotto forma di articolo, sono state
diffuse su L'Eco di Bergamo, ILBERGAMO, BERGAMO-
SETTE La Provincia di Cremona, L'Arena di Verona, Il
Giornale di Vicenza, VITA TRENTINA, IL QUOTIDIANO DI
CALABRIA, SECOLO XIX , REPUBBLICA(compreso il
venerdì), SETTEGIORNI, Il GIORNALE, IL TEMPO,
REPORTER, CORRIERE DELLA SERA, AVVENIRE, LA
PROVINCIA DI SONDRIO, LA PROVINCIA DI LECCO, LA
PROVINCIA DI COMO, IL MATTINO, LA STAMPA E
MOLTI ALTRI.

CURRICULUM per la pittura di ARDUINO ROSSI

CURRICULUM di ARDUINO ROSSI 2021 Selezionato per la pro Biennale di Venezia 2021; Premio Canaletto 2021; mostra a Bassano del Grappa, presso la sede di Spoleto Arte. 2020 Partecipa con una tela, intitolata Luce in fuga, alla Pro Biennale 2020, a Venezia dal 23 luglio al 7 agosto 2020, presentata da Vittorio Sgarbi. Critica di Flavia Sagnelli - Curatrice di Mostre - in occasione della Pro Biennale estate 2020 a Venezia presentata da Vittorio Sgarbi, menzione speciale con firma anche di Vittorio Sgarbi. Con pubblicazione con la case editrice Giorgio Mondadori della sua opera e con il giudizio critico, dentro il volume che riporta questa Probiennale. Partecipa anche alla pubblicazione di una sua scheda nel volume della

Casa editrice Giorgio Mondadori, intitolato Arte in Quarantena, 2020. NEW YORK 2020,E' stato selezionato alla mostra dal 24 al 27 giugno 2020, posticipata dal 21 al 24 ottobre 2020, per il Corona-virus, a New York per il Premio PitturiAmo a New York, presso La galleria White Space Chelsea (555 W 25th St, New York, NY) situata a Manhattan, nel cuore di NEW YORK con L'immagine dell'opera dell'artista con la quotazione video esposta in galleria, godendo di assistenza di vendita. A tutti gli artisti ammessi al Premio PitturiAmo a New York sarà dedicata un'intera pagina a colori nella rivista ART NOW. Mostra mercato a Boston Presso Italian Contemporary Art Gallery 80 Dartmouth St, Boston, MA 02116, Stati Uniti - 2020 italian resilience. Aprile 2020 attestato con pubblicazione un'intera pagina a colori nella rivista ART NOW, con l'Attestato e la targa ARTISTA DI AVANGUARDIA con la supervisione del critico d'arte Vittorio Sgarbi, per la notevole qualità stilistica. TGCOM24 MEDIASET E' PRESENTE NEL VIDEO DEGLI ARTISTI DI SPOLETO ARTE del 16 giugni 2020, COME RISULTA DAL LINK SOTTO: https://www.tgcom24.mediaset.it/2020/video/gli-artisti-di-spoleto-arte_19508751.shtml Emirati Arabi: Doppia Esposizione di N. 1 opera in Mostra Digitale a Umm Al Quwainn e a Dubai, negli Emirati Arabi, con attestato di selezione. MOSTRA SPOLETOARTE con Vittorio Sgarbi presso Palazzo Storico in centro a Spoleto, dal 18 settembre al 2 ottobre 2020 con ART FACTORY SPOLET O, con dichiarazione critica firmata Salvo

Nugnes. Attestato di ammisione al premio Raffaello di Roma, 2020. Partecipare al "1° Premio Internazionale Città di Budapest" 2020. Partecipazione al Premio Internazionale "Paris ArtExpo" Videoesposizione degli artisti selezionati a Parigi. Dall'1 al 6 Maggio 2021 presso l'esclusiva Galleria Thuiller. Prenio Paris ArtExpo "per essersi distinto attraverso una spiccata personalità artistica."Video-esposizione di un'opera per 15 giorni presso la storica Milano Art Gallery, in via Alessi 11 a Milano. Premio Belle Arti conferito all'artista Arduino Rossi dell'Accademia delle Belle Arti di Roma, "Per le sue eccellenti doti artistiche e l'originalità dei suoi lavori che pongono le sue opere ai vertici del panorama artistico internazionale." Giuseppe La Bruna - Direttore Accademia Belle Arti di Roma Valutazioni critiche e mostre: Fu valutato dal critico d'arte Giuseppe Martucci, noto a Milano e da Rocco Basciano di Milano. Ha presenziato in almeno 30 mostre di beneficenza in tutta Italia; I suoi quadri sono stati esposti presso: La Galleria del Centro di Catania – 2001; La Galleria Modigliani di Milano, dal 23/2/2002 al 7/3/2002; personale nella sala comunale di Piazza Mercato delle scarpe – Città Alta – Bergamo, dal 29/3/2003 al 6/4/2003; Studio d'arte Basciano BAROCCO, di Milano, Novembre 2003; Fiera dell'arte di Padova dal 13/11/2003 al 17/11/2003; 3° Trofeo Ba-Rocco – dal 16 al 29 Maggio 2004 – Milano; Mostra Festa della Dogana – San Matteo in Via Carucci, 71 – Roma – dal 16 al 21 Settembre 2004; Mostra dal 24 al 28 Maggio 2004 presso SE.C.I.T.

Associazione Doganale Italiana – Via Carucci, 131 ROMA; Partecipazione alla manifestazione - AUTUNNO D'ARTISTA – Ottobre 2004 di ARTECULTURA di Milano; Con esposizione di due dipinti nella Galleria di ARTECULTURA a Milano, con le relative riproduzioni fotografiche dell'opera sulla Rivista omonima, con il giudizio critico; inviò una cartolina dipinta al Museo degli Emirati Arabi Uniti, a Sharjah, su invito del relativo museo; mostra di un quadro presso 4° Trofeo Ba-Rocco dal 16 al 29 maggio 2005 - MILANO; Esposizione di 5 quadri presso AZIENDA DI PROMOZIONE TURISTICA MILANESE in P.zza Marconi, 1 - angolo P.zza Duomo - MILANO, dal 1 al 31 marzo 2005; premio di pittura città di ALASSIO anno 2005 - B&T 36 Gallery di Milano - Biondi Tesio in the word Roma; mostra di due quadri a Roma - in Piazza del Popolo, angolo Via del Babuino, 198- presso la BASILICA di S. Maria in Montesanto - chiesa degli artisti, sempre con la galleria - B&T 36 - Gallery ; mostra dal 10 al 20 gennaio 2006 presso la galleria B&T 36 Galery di Milano; TARGA BIONDI-TESIO PER LA PITTURA - 31 EDIZIONE 2005 – premiato presso HOTEL GALLIA - PIAZZA DUCA D'AOSTA - MILANO; partecipazione alla collettiva del piccolo quadro a Milano, presso l'associazione Culturale Arte-Ba-rocco dal 10 al 22 Dicembre 2005;mostra di due quadri presso LA GALLERIA SAN VIDAL U.C.A.I.- festa di fine anno - Scoletta San Zaccaria, campo San Zaccaria - VENEZIA; alcune tele erano in deposito presso la galleria B&T Gallery Perizia da parte del Perito Estimatore Arte

Contemporanea, Giuseppe Martucci – Albo Consulenti Tecnici n. 6422 - Tribunale di Milano 30.12.2005 – QUOTAZIONI: https://drive.google.com/drive/folders/1ef1cTxtA_RFFT-zXuHg12z_Lrllk04c6 2018 Ha partecipato con due opere astratte alla MOSTRA DI ARTE CONTEMPORANEA dal 17 febbraio – 14 marzo 2018, intitolata "LA GENESI DEL COLORE", PRESSO LA GALLERIA SAN VIDAL Scoletta San Zaccaria, campo San Zaccaria – Venezia, con cenno critico sul Corriere del Veneto (inserto del Corriere della sera). Un quadro sarà presente per un anno, dal marzo 2018, nella galleria d'Arte Albatros di Parma, in strada XXII Luglio 18/A – 43123 PARMA. La galleria è nata sotto l'insegna di Vittorio Sgarbi quale relatore ufficiale della galleria stessa. 2019 Mostra collettiva dal 04 luglio 2019 al 19 luglio 2019 LE GRANDI MOSTRE DEL PALAZZO ZENOBIO all'interno della 57° edizione della Biennale di Venezia 2019 presentata e curata dal Prof. Storico e critico d'arte Giorgio Gregorio Grasso. Mostra a Palermo alla Villa Filippina – 2019 Partecipazione a Parma al concorso premio il Parmigianino, con esposizione dal 19 al 29 Novembre 2019. Attualmente le sue opere sono presenti in spazi online come Pitturiamo, Venderequadri.it, Artmajeur e nel drive di Google, dove ha reso pubblici i documenti scansionati, comprovanti mostre, valutazioni e perizie, giudizi critici: https://drive.google.com/open?id=0BycaKPuO_rjGaVR2S U53RUZ6UTg MOSTRE virtuali di opere di Arduino Rossi

http://www.pitturiamo.com/it/pittore-
contemporaneo/arduino-rossi-6826/quadri-
collezione privata.html
http://www.artmajeur.com/it/member/arduino-rossi
http://www.venderequadri.it/?post_type=catalogo&s=arduin
o BIOGRAFIAArduino Rossi è nato a Bergamo nel giugno
del 1956., dove è sempre vissuto Ha avuto un'esistenza
giovanile un po' burrascosa e contraddittoria, frequentando
gruppi di diversa estrazione sociale, politica, religiosa.
Finito il breve periodo della caotica giovinezza si è chiuso
nei suoi interessi "disordinato" per le arti, per la poesia, per
la letteratura, per la pittura. Da sempre interessato ai lavori
dei pittori più importanti di tutte le epoche, Rossi Arduino
trova nella pittura una sua realizzazione personale: si
ispirò sin dall'infanzia allo zio maestro di pittura, Severino
Belotti, in arte SEVERINO BELLOTTI, insegnante della
Brera di Milano, uscito dalla scuola del pittore Loverini di
Bergamo, presso l'ACCADEMIA CARRARA DI
BERGAMO. Lo zio pittore influenzò, ispirò e consigliò il
nipote. Successivamente ARDUINO conobbe diversi pittori
che si aggiravano presso l'Accademia Carrara di Bergamo.
Diversi amici pittori l'hanno guidato, indirizzato e
ARDUINO, pur non avendo mai frequentato una vera
scuola di pittura, ha sempre assistito, partecipato,
collaborato, respirato l'arte e la tecnica pittorica. Iniziò con
la tecnica a carboncino, poi passò ai paesaggi in
acquerello, ora il suo stile si è evoluto verso la
dissociazione geometrica e quasi astratta delle immagini,

con gli acrilici, ma un suo impressionismo trova strada in paesaggi naturali

www.ingramcontent.com/pod-product-compliance
Lightning Source LLC
Chambersburg PA
CBHW050045260726

48658CB00005B/1779